LES
TRAVAILLEURS
DE
SEPTEMBRE
1792

Tiré à cinq cents exemplaires numérotés.

Nº 321.

Paris.—Imprimé chez Bonaventure et Ducessois,
55, Quai des Grands-Augustins.

« Voici la prison qui fut ensanglantée par les crocs et les massues, tandis que le rideau de l'Opéra se levoit, que Vestris dansoit, et que tous les autres spectacles étoient pleins. »

Le Nouveau Paris, par le citoyen Mercier, t. IV, p. 11.

LES
TRAVAILLEURS
DE
SEPTEMBRE
1792

DOCUMENTS SUR LA TERREUR

PUBLIES PAR LE COMTE

HORACE DE VIEL-CASTEL

PARIS

F. DENTU, EDITEUR

LIBRAIRE DE LA SOCIETE DES GENS DE LETTRES

PALAIS-ROYAL, GALERIE D'ORLEANS, 13 ET 17

1862

Tous droits reservés.

PRÉFACE

PRÉFACE

∗

Il est hors de doute, aujourd'hui, que les massacres de septembre 1792, décrétés par Danton, et organisés par la Commune de Paris, furent exécutés par des brigands salariés que commandait Maillard, auxquels se joignirent quelques fédérés marseillais et bretons, ainsi qu'un petit nombre de citoyens pervertis par les prédications jacobines dont retentissaient les clubs.

Tout a été dit sur les organisateurs de

ces sanglantes journées; l'histoire a recueilli, contre eux, des preuves irrécusables, et des publications récentes ont, en grande partie, dissipé les ténèbres que quelques écrivains s'efforçaient d'épaissir autour de cette lugubre époque.

De prétendus amis de notre grande Révolution n'ont pas craint, pour laver la mémoire des chefs de la Montagne, de rejeter leurs crimes personnels sur toute la nation et plus particulièrement encore sur la ville de Paris; ils n'ont pas hésité à faire retomber le sang versé sur la tête de tous ses citoyens et à flétrir ainsi une génération entière; ils ont fait plus, ils ont applaudi à l'œuvre de carnage qu'ils lui imputaient.

Ces écrivains, qui ont étudié l'histoire de la Révolution dans le *Journal* de Prudhomme, ne font que reproduire le récit des journées de septembre, contenu dans le n° 165 des *Révolutions de Paris;* ils tiennent toujours pour vérités les calomnies qu'ils y trouvent, et c'est d'eux véritablement qu'il est juste de dire : *qu'ils n'ont rien appris et rien oublié.*

« Vers le milieu de la nuit, » racontent-ils en s'emparant du récit de Prudhomme, « à un signal convenu, toutes les prisons
« de Paris devaient s'ouvrir à la fois ; les
« détenus étaient armés en sortant avec les
« fusils et autres instruments meurtriers
« que nous avons laissé le temps aux aris-
« tocrates de cacher en publiant plusieurs
« jours d'avance une visite domiciliaire ;
« les cachots de la Force étaient garnis de
« munitions à cet effet.

. . . .

« Le peuple qui, comme Dieu, voit tout,
« est présent partout, et sans la permission
« duquel rien n'arrive ici-bas, n'eut pas
« plutôt connaissance de cette conspiration

« infernale, qu'il prit le parti extrême,
« mais le seul convenable, de prévenir les
« horreurs qu'on lui préparait et de se
« montrer sans miséricorde envers des
« gens qui n'en eussent point eu pour
« lui. »

Le Prudhomme de 1792 est un guide qui ne peut les égarer, un historien fidèle, un témoin impartial des faits qu'il transmet à la postérité ; mais ils lui retirent leur estime et leur confiance en 1797, lorsque, pressé par le remords, accablé par la vérité qui luit peu à peu sur l'époque de la Terreur, il imprime dans son *Histoire générale et impartiale des erreurs, des fautes et des crimes commis pendant la Révolution française :*

« Le 2 septembre ! quel jour ! Qui réclame
« cette exécrable propriété ? peut-on le de-

« mander? C'est sous les yeux d'une Assem-
« blée, d'un Sénat national composé de sept
« cent cinquante individus, que l'on égorge
« pendant trois jours. Sept cent cinquante
« hommes sont là, ils s'intitulent les dépo-
« sitaires des lois; et, pendant trois jours,
« ils laissent en silence violer toutes les
« lois sacrées de l'humanité! Sans doute,
« les massacres de la Glacière d'Avignon
« furent affreux; mais du moins ils se pas-
« sèrent à cent cinquante lieues de l'Assem-
« blée constituante. Ici, quelle différence!
« vainement a-t-on voulu déverser l'odieux
« des journées des 2 et 3 septembre sur le
« peuple de Paris. Personne n'ignore au-
« jourd'hui que la majeure partie des
« massacreurs était composée d'inconnus
« étrangers et des départements. S'il s'y
« mêla quelques Parisiens, ils n'étaient que
« des instruments passifs . . . .
. . . .

« Était-il donc si difficile alors d'en im-
« poser au peuple de Paris? C'était la pre-
« mière conspiration des prisons que l'on
« inventait; depuis quinze jours on en
« parlait; on en annonçait l'explosion pro-
« chaine; on s'appesantissait sur les suites
« fatales qu'elle aurait; on alarmait, on
« échauffait, on exaspérait les esprits. Le
« Corps législatif, par son silence, sanc-
« tionnait toutes les craintes, approuvait
« tous les bruits, caressait toutes les re-
« nommées; il mit le sceau à l'audace des
« mensonges publics, en exaltant la con-
« duite de la Commune de Paris; il fit plus,
« il la chargea, par un décret, de la police;
« il fit plus encore, il ne désapprouva pas
« le massacre des prisonniers d'Orléans. Et
« l'on accuserait le peuple, quand tous les
« magistrats légitimaient le crime ! »

Et Prudhomme ajoute, en note :

« J'ai, moi-même, été trompé quelques
« jours seulement. »

En 1797, Prudhomme avouait avoir été trompé en 1792 ; mais longtemps avant cette époque Danton s'était repenti.

« Que de fois, » dit M. P. Lanfrey dans son *Essai sur la Révolution française,* « ne
« lui arriva-t-il pas de gémir sur ces fatales
« journées de septembre, qui avaient mis
« entre la Gironde et lui un fleuve de sang
« à jamais infranchissable ! »

Depuis le repentir de Danton et l'aveu de Prudhomme, de terribles révélations nous ont été faites sur les auteurs et les acteurs des journées de septembre, et si nous pouvons exonérer maintenant l'immense majorité du peuple de Paris d'une participation active à ces odieux massacres, nous sommes forcés de reconnaître qu'elle permit à quelques centaines de scélérats d'accomplir l'œuvre sanglante que leur commandait la Commune.

Des organisateurs de ces tueries et des *travailleurs* qu'ils soldèrent, nous n'avons rien à dire, d'autres écrivains se sont chargés de ce soin; mais pour compléter les listes où leurs noms sont inscrits, où leur salaire est additionné, nous leur adjoindrons des complices, plus hideux encore dans leur scélératesse, car ils ont massacré pour le plaisir de massacrer, attirés par l'odeur du sang; car ils se sont fait une fête du spectacle de la souffrance humaine.

Quelques amis timorés nous ont objecté que nos révélations seraient sans utilité et qu'il ne fallait jamais rouvrir la fosse des morts pour en faire sortir leurs crimes ignorés. Telle n'est pas notre manière de comprendre les devoirs de la justice historique; nous sommes de l'avis de Prud-homme qui, dans les réflexions préliminaires de l'*Histoire générale et impartiale des crimes de la Révolution*, dit ceci :

« Quel sort doit être réservé aux auteurs
« de tant de crimes? Le moindre châti-
« ment, sans doute, est de livrer votre
« mémoire à l'exécration de la postérité.
« Qu'elle apprenne les noms de ces pro-
« consuls, de ces législateurs, de ces juges
« exterminateurs, de ces prétendus magis-
« trats du peuple, de ces membres des
« comités révolutionnaires. . . . . .
« Est-ce trop vous punir, hommes im-
« posteurs, dont la conduite a fait passer
« les républicains pour des brigands et des
« hommes de sang! vous qui avez profané
« le nom pour faire détester la chose? »

L'école démagogique n'a point épargné

les victimes qu'elle a insultées et calomniées dans leurs prisons, sur l'échafaud, et qu'elle a poursuivies sous le lit de chaux vive ou dans les catacombes qui recevaient leurs cadavres; pourquoi donc aurions-nous pour les bourreaux la commisération que les égorgés n'ont pas encore trouvée?

Est-ce bien, d'ailleurs, alors que cette école cherche, par de nombreuses publications, à réhabiliter Marat, Danton, Robespierre et Lebon, qu'il peut être interdit de laver le peuple de Paris de l'exécrable imputation que, depuis soixante-neuf ans, les admirateurs des terroristes font peser sur lui? de prouver que les égorgeurs de septembre, ceux que la Commune n'avait pas enrôlés sous le commandement de Maillard, ne furent qu'en petit nombre, et que Gonchon, l'orateur du faubourg Saint-Antoine, avait raison, lorsqu'il s'écriait au milieu de la Convention :

« Les hommes des faubourgs ont fait le
« 10 août, mais aucun d'eux n'a pris part
« aux massacres de septembre. »

La révolution de 89 est ici hors de cause, nous n'avons jamais eu la pensée de lui imputer les crimes de la Terreur, ni d'identifier les jacobins à la Révolution ; il y a un abîme entre les principes de 89 et les principes de 93, et les plus grands ennemis des principes de 89 sont, sans aucun doute, les hommes qui ont fait des massacres et de la guillotine un auxiliaire de leur gouvernement.

Un témoin des scènes affreuses de septembre 1792, Mercier, en parle ainsi dans le tome Ier du *Nouveau Paris* :

« Les générations futures se refuseront
« à croire que ces forfaits exécrables ont pu
« avoir lieu chez un peuple civilisé, en pré-

« sence du Corps législatif, sous les yeux
« et par la volonté des dépositaires des
« lois, dans une ville peuplée de huit cent
« mille habitants, restés immobiles et frap-
« pés de stupeur, à l'aspect d'une poignée
« de scélérats soudoyés pour commettre
« des crimes.

« Le nombre des assassins n'excédait pas
« trois cents; encore faut-il y comprendre
« les quidams qui, dans l'intérieur du gui-
« chet, s'étaient constitués les juges des
« détenus. »

Mercier indique plus loin la véritable complicité des Parisiens; ils furent complices par *hébétement*, par stupeur.

« Malheureux! » reprend-il bientôt en s'adressant aux partisans des massacres, « vous prostituez le nom du peuple; vous
« ne l'invoquez que pour le déshonorer et

« couvrir vos turpitudes et vos crimes!
« Était-ce donc le peuple qui commettait
« ces forfaits exécrables? Non, il gémissait
« en silence! »

Les gémissements silencieux du peuple de Paris attestent, disons-le franchement, sa coupable lâcheté ; tout le monde tremblait dans ces jours de prétendue liberté ; mais le peuple avait horreur du sang dont on inondait le pavé de ses rues ; cependant il regardait faire les *travailleurs* sans trahir son émotion, tant il avait peur d'être accusé du crime de tristesse.

Le peuple n'a point égorgé les prisonniers, il n'a pas cru au complot qu'on leur imputait; Maillard et ses bandits ne représentent pas plus le peuple de Paris que les citoyens, dont nous allons donner les noms, ne le représentent, quoiqu'ils fussent en réalité domiciliés et la plupart patentés dans la capitale de la France.

En lisant l'histoire de ces temps désastreux, on se sent pris d'une sorte de commisération douloureuse pour ce peuple qui a laissé faire à la Révolution de 89 un mal dont nous nous ressentons encore, et Mercier ne nous étonne plus, lorsque nous lisons cette allocution, si brutalement pleine d'une pitié dédaigneuse, qu'il lui adresse :

« Parisiens, mes chers Parisiens, dansez
« ou allez à la messe; allez à la messe ou
« dansez; dansez même et allez à la messe
« en même temps; mais pour Dieu, ne po-
« litiquez pas ; car quand vous voulez po-
« litiquer, vous tombez dans les piéges les
« plus grossiers qui vous sont offerts. Vous
« vous acheminez, sur la foi de quelques
« scélérats, vers toutes les horreurs de la
« dissolution anarchique. Dansez, je vous

« en supplie, dansez; car il est impossible
« que vous ayez un autre caractère qui
« vous convienne mieux. Eh! n'aurait-il
« pas mieux valu pour vous de danser et le
« 31 mai, et le 2 juin, et le 4 prairial, et le
« 13 vendémiaire? »

Le titre de septembriseur a trop souvent flétri des hommes qui n'avaient rien fait pour le mériter; nous avons vu des vieillards, poursuivis jusqu'à leur lit de mort par cette calomnie, que leurs dénégations ne pouvaient détruire; le monde s'écartait de leur chemin; personne ne les saluait, et si quelque étranger demandait quel est ce paria, il recevait pour réponse :

C'est un septembriseur!

Et cela suffisait à cet étranger qui s'en éloignait avec horreur.

Nous avons rencontré, pendant les premières années de la Restauration, d'autres parias, en assez grand nombre, faussement accusés d'avoir porté la tête de la princesse de Lamballe, et nous nous rappelons un silencieux vieillard devant lequel nous ne passions jamais sans terreur, tant il nous semblait encore taché du sang de septembre.

Aujourd'hui, après la publication des documents qui livrent les noms des vrais égorgeurs, de telles calomnies ne sont plus possibles, et il est douloureux de penser qu'elles l'aient été si longtemps, qu'elles aient pesé sur des innocents qui en sont restés accablés.

Nous croyons donc accomplir un devoir, en publiant un document inédit, qui nous permet de faire luire, sur les assassins de septembre 1792, cette lumière que Brissot appelait de tous ses vœux. Le document que nous insérons ici, tel que nous l'avons copié aux archives de la préfecture de police, sur la pièce originale, est une enquête faite, après le 9 thermidor, par une commission nommée en assemblée générale de la section de l'Unité, le 30 germinal an III.

Non-seulement cette enquête établit la participation d'une soixantaine d'égorgeurs *amateurs* aux massacres accomplis par les travailleurs de Maillard, soldés par la Commune, mais elle révèle les noms des assassins du jeune Maussabré, de la princesse de Lamballe, du comte de Chabot, du comte de Montmorin, des premières victimes immolées dans les fiacres qui transportaient, à la prison de l'Abbaye, l'abbé Sicard et ses infortunés compagnons, du juge de paix de la section de Bonne-Nouvelle, et d'un grand nombre d'autres victimes dont l'enquête ne donne pas les noms.

De ces égorgeurs amateurs, deux ou trois, tout au plus, partirent pour l'armée; quelques autres, négociants établis, rentrèrent dans leurs magasins, où les poursuivit l'exécration publique ; un ou deux furent tardivement envoyés au bagne ; d'autres moururent obscurément, repoussés par leur propre famille ; le plus grand nombre échappa à la justice des hommes.

La justice de l'histoire frappe enfin ces assassins qui ont répandu le sang parce qu'ils savaient n'avoir rien à redouter des lois ; parce qu'ils pouvaient, sans crainte, donner carrière à leurs mauvais instincts, aux passions féroces que la certitude de l'impunité développait en eux.

Dans un temps calme, au milieu d'une société bien réglée, il en est, sans doute, parmi ces hommes, qui seraient descendus dans leur tombe, en laissant à leurs concitoyens l'exemple d'une existence honnêtement remplie ; le tigre qui sommeillait en eux ne se serait jamais révélé si l'occasion ne lui eût été offerte d'assouvir ses appétits sanguinaires.

Mais ils se sont joints aux assassins soldés, justice doit leur être rendue par l'histoire, qui a pour mission de transmettre leurs noms à la postérité et de les grouper autour des noms de Marat, de Carrier, de Lebon, de Fouché, de Fouquier-Tinville, de Collot-d'Herbois, de Danton et de Robespierre.

Cte HORACE DE VIEL-CASTEL.

EXTRAIT GENERAL

Des Déclarations *faites à la commission des Cinq, nommée en assemblée générale, de la section de l'Unité, dans la séance du 30 germinal, sur les événements des journées des 2 et 3 septembre 1792.*

* * *

1. Le citoyen Ledoux, savetier, rue de l'Échaudé, nº 1033, prévenu d'avoir dit, depuis les 2 et 3 septembre, qu'il n'avait eu, auxdites époques, que le plaisir d'en égratigner que quelques-uns; mais que s'il pouvait avoir le bonheur que cela recommence, il voulait aller

à la tête des assassins et commencer par le président de la section; ensuite dans les comités, ainsi que dans sa compagnie, qu'il y avait beaucoup de coquins qui étaient officiers, et qu'il aurait bien du plaisir à les assommer.

2. Le citoyen LECOMTE, tailleur, rue de Seine. Prévenu d'avoir été vu le 2 septembre, sur les neuf heures du soir, entre les deux guichets de la prison de l'Abbaye; d'avoir répondu au comte de Chabot, qui à dix heures fut amené audit lieu et qui l'apercevant lui dit : « M. Lecomte, vous me connaissez ainsi que ma famille, vous savez que nous avons toujours fait le bien autant qu'il nous a été possible, » et lui avoir répondu : « Je vous connais bien ; je sais que vous êtes le comte de Chabot, que vous avez cent cinquante mille livres de rentes et que vous vous êtes mis garde du roi, et que vous étiez au château le 10 août. »

3. Le citoyen MAILLARD (*mort*). Prévenu d'avoir été vu le 2 septembre entre les deux guichets de la prison de l'Abbaye, faisant fonction de président et interrogeant les détenus.

4. Le citoyen Bernaudin, horloger, demeurant ci-devant rue Childebert, enclos de l'Abbaye. Prévenu de s'être présenté au comité civil de la section, vers les deux heures du matin, dans la nuit du 2 au 3 septembre, avec plusieurs autres hommes ayant leurs sabres nus et teints de sang, et d'avoir demandé deux citoyens renfermés dans le violon, de les avoir fait sortir par le concierge Arnichier, de leur avoir demandé si ce n'était pas eux qui s'appelaient de tels noms, sur leur réponse affirmative, d'avoir demandé à l'un d'eux s'il n'avait pas été garde du roi, en lui disant qu'il était accusé d'embauchage; d'avoir dit à l'autre qu'il était accusé d'être payé sur la liste civile et, d'après l'aveu du premier d'avoir été garde du roi, et sa négation d'avoir embauché personne, et la négation du second d'être payé par la liste civile, sans en entendre davantage et sur ces réponses de les avoir fait sortir l'un après l'autre du comité et de les avoir livrés aux gens armés en leur disant : « Allez, allez ; » d'avoir été ledit jour l'un des juges des prisonniers.

5. Le citoyen Mathis (*à l'armée*). Prévenu

d'avoir répondu, le 2 septembre, à un volontaire de la force armée de la section de l'Unité qui se plaignait du peu d'ordre qui existait dans le bataillon et qu'on ne devait pas permettre de massacrer des hommes sur lesquels la loi n'avait pas prononcé : *C'est un mal pour un bien;* d'avoir également répondu à un autre citoyen qui l'invitait, comme chef de la force armée, à s'opposer au massacre : *Que voulez-vous? cela est nécessaire;* et d'avoir dit dans la cour de l'Abbaye, lorsqu'on apportait les cadavres : *Cela ne va pas assez vite.* Enfin, d'avoir été vu par un troisième citoyen, le 3 septembre, se promenant en uniforme dans la cour de l'Abbaye, dite alors de l'Église, et d'avoir dit à ce citoyen qui lui témoignait son inquiétude sur les assassinats qui se commettaient encore, lui demandant comment, par quel ordre et dans quelles vues il était possible d'imaginer que de pareils événements se passassent tandis que le plus petit ordre et la moindre mesure pourraient tout empêcher : *Vous êtes un brave homme, mais vous avez un bandeau sur les yeux; vous savez qu'en matière de révolution je ne me trompe pas.* Ce qui fut dit avec un flegme et un air de mystère qui donna au déclarant lieu de croire que lui, Mathis, était instruit des causes de ces malheureux événements ; d'avoir machiné pour sauver Lacou ; d'avoir été, le 30 mai, l'un des députés de la section pour organiser, aux Jacobins, les journées des 31 mai, 1ᵉʳ et 2 juin ; d'avoir cabalé pour faire nommer Henriot commandant général de la force armée parisienne ; d'avoir provoqué l'impression de la lettre de ceux qui ont signé la pétition contre les députés proscrits, le 3 juin.

6. Le citoyen Gouin, Petite-Rue-Taranne, n° 533, à la pension. Prévenu d'avoir dit qu'il avait été blessé d'un coup de sabre sur la main, dans la prison de l'Abbaye, pendant qu'il tenait un prisonnier par la tête, qui était déjà percé de plusieurs coups, cherchait à se relever et que lui-même voulait le tuer, dans la nuit du 2 au 3 septembre.

7. Le citoyen Molliere, commandant le bataillon de l'Unité. Prévenu d'avoir répondu à plusieurs citoyens qui le pressaient, au nom de l'humanité, de vouloir rassembler les citoyens de la section afin d'empêcher les massacres : *Que voulez-vous que j'y fasse ? je n'ai pas d'ordre.*

8. Le citoyen Boinnet, tailleur d'habits, rue du Colombier, maison ci-devant d'Espagne. Prévenu d'avoir, le 2 septembre, porté, dans le café Prieur, rue Jacob, et jeté sur une table un doigt qu'il dit être de Montmorin, ayant son sabre à la main, ses habits étaient teints de sang, et se vantant d'avoir travaillé à la prison de l'Abbaye ; d'avoir remis ce doigt dans sa poche et de s'en être fait un trophée ; d'avoir dit, le 1ᵉʳ prairial de l'an III, en apprenant la mort d'un député, assassiné ledit jour, que la brillante jeunesse était f.... (1).

9. Le citoyen Tourangeau, garçon maréchal à la poste aux chevaux. Prévenu de s'être vanté d'avoir *travaillé*, le 2 septembre, à la prison de l'Abbaye.

10. Le citoyen Marcuna, tambour des gre-

---

(1) Du 1ᵉʳ prairial : Une des portes extérieures de la Convention est forcée par des femmes qui se précipitent en foule dans les tribunes et interrompent les délibérations de l'assemblée, par leurs cris et leurs insultes.

Le représentant du peuple Ferraud est assassiné.

(*Répertoire ou Almanach historique de la Révolution française.* An VI. — M.DCC.XCVIII.)

nadiers du bataillon de l'Unité à l'époque des massacres. Prévenu d'avoir été vu, le 2 septembre, le sabre à la main, et d'avoir été un des premiers à s'élancer sur les malheureux qui étaient dans les voitures qu'on amenait à l'Abbaye, et notamment sur l'abbé Sicard.

11. Le citoyen D'EBECHE, rue de Bussy. Prévenu d'avoir été vu, le 3 septembre, sortir de la prison avec ses habits ensanglantés et n'ayant plus que la poignée de son sabre. Il disait en montrant un autre sabre : *J'ai laissé la lame de celui-ci dans le ventre d'un de ces scélérats, mais quand j'aurai dormi quelques heures cela ira mieux et je pourrai recommencer.*

12. Le citoyen DUPONT, vétéran de la garde nationale et marchand de bijoux. Prévenu d'avoir été vu, les 2 et 3 septembre, le premier jour, à 5 heures du soir, le second, sur les 8 heures du matin, rempli de sang, tenant une épée brisée et ensanglantée; d'avoir dit, le 2 : *Ma foi, je n'ai pu en tuer que douze et je suis las ;* d'avoir donné à boire et à manger aux assassins qu'il encourageait ; de s'être montré dans

toute la rue Marguerite son sabre tout dégouttant de sang et de s'être vanté, depuis le 9 thermidor, d'en avoir assassiné plusieurs pour sa part ; enfin de s'être vanté, le 3 ou 4 septembre, en tirant son sabre du fourreau, qui était plein de sang, en disant : *Ce sabre en a tué seize.*

13 Le citoyen Noblet, marchand chandelier, rue Jacob. Prévenu d'avoir été vu, le 3 septembre, ses habits couverts de sang et son fusil cassé par les deux extrémités.

14. Le citoyen Sevestre, chapelier, rue des Boucheries. Prévenu d'avoir été vu, le 2 septembre, avec les autres assassins, attendant les victimes à la porte de la prison, ayant ses habits couverts de sang.

15. Le citoyen Dunant, officier de police, présentement aux galères. Prévenu d'avoir été vu poursuivre un officier suisse qui, quoique percé de plusieurs coups, s'était échappé ; il l'atteignit près de la fontaine Marguerite et finit de l'assommer ; d'avoir offert à un prisonnier de le faire sortir moyennant 25 louis.

16. Le citoyen Savard. Prévenu d'avoir été vu, le 2 septembre, parmi les assassins ayant ses habits pleins de sang.

17. Le citoyen Steker, Allemand, tourneur, demeurant ci-devant rue du Colombier, chez le citoyen Chanier, chapelier, présentement rue aux Ours. Prévenu d'avoir été vu, le 2 et le 3 septembre, parmi les assassins.

18. Le citoyen Ficher, Allemand, tailleur d'habits, demeurant ci-devant rue Mazarine, près le jeu de Paulme, présentement employé à l'armée. Prévenu d'avoir été vu couvert de sang et parmi les assassins.

19. Le citoyen Dorlet, charcuitier, rue des Pères, et membre de l'ancien comité révolutionnaire. Prévenu d'avoir dit à un factionnaire, posé près le comité révolutionnaire de la section : *Si j'étais armé je te brûlerais la cervelle,* parce que ce factionnaire lui demandait sa carte de commissaire ; d'avoir injurié un citoyen amené au comité révolutionnaire et de s'être raillé d'un autre.

20. Le citoyen Leclaire, membre de l'ancien comité civil. Prévenu d'avoir été l'un des assassins et de n'avoir pas désemparé tant que durèrent les massacres dans les journées des 2 et 3 septembre.

21. Le citoyen Lafineur, potier de terre, demeurant rue Mazarine, près celle de Seine. Prévenu d'avoir applaudi aux massacres du 2 septembre, et d'avoir dit, étant dans un état d'ivresse, que ce qui avait été fait avait été bien fait.

22. Le citoyen Chapelier, rue des Boucheries, à l'entrée à gauche. Prévenu d'avoir été vu, le 2 septembre, donner des coups de sabre sur les particuliers qui étaient dans les voitures qui les amenaient à la prison de l'Abbaye.

23. Le citoyen Bereyter, rue de Thionville. Prévenu d'avoir dit, lorsqu'on apportait, dans la cour de l'Abbaye, les corps des victimes assassinées dans la prison et sur ce que Mathis (1) disait que cela n'allait pas assez vite:

---

(1) Mathis. N° 5.

Pour moi ce n'est pas ce qui me fait de la peine, je crains seulement que cela ne finisse trop tôt; d'être un terroriste décidé et l'un des membres de la section pendant le règne du terrorisme.

24, 25, 26. Les citoyens,
BLANCHARD, ciseleur, } Tous deux même maison
THEMISTER, tailleur, } rue de Bussy.
VILLER, marchand mercier, rue de Bussy.
Prévenus d'avoir encouragé et donné leur assistance aux assassins, et le dernier de s'être vanté d'avoir encouragé les meurtriers et de s'être servi de pierres contre les malheureuses victimes, ainsi que contre la garde nationale à l'affaire du Champ-de-Mars.

27. Le citoyen SEGUIN, tailleur, rue de Bussy, n° 994. Prévenu d'avoir été vu accompagnant Damien (1), dans la journée du 2 septembre, et ayant les mains et les vêtements remplis de sang.

28. Le citoyen MARTIN, rue des Boucheries, depuis limonadier, rue de Seine. Prévenu

---

(1) Damien. N° 42.

d'avoir été vu au nombre des assassins qui se sont précipités sur les malheureuses victimes qu'on amenait dans des voitures, le 2 septembre, et d'être un fameux terroriste.

29. Le citoyen GRATEPENSE, canonnier. Prévenu d'avoir dit : *J'ai bien sabré le 2 septembre.*

30. Le citoyen NOBLET, boucher, rue Jacob. Prévenu d'avoir été vu tout ensanglanté ; la crosse de son fusil également remplie de sang.

31. Le citoyen GARIOT, au 2 septembre, sergent-major des chasseurs et depuis membre du comité révolutionnaire de la section de l'Unité. Prévenu d'avoir demandé à un citoyen s'il venait avec lui pour se débarrasser des scélérats qui étaient en prison ; sur la réponse que lui fit ce citoyen qu'il n'était pas un assassin, il injuria ce citoyen et chercha à soulever la multitude des citoyens qui étaient là contre cet honnête homme ; d'avoir été un des principaux moteurs des troubles qui ont agité la section.

32. Le citoyen LADOUCEUR ou VIALA. Pré-

venu de s'être présenté, le 2 septembre, chez un citoyen en lui disant avec fureur : *Gueux d'aristocrate, ta tête sera au bout d'une pique avant qu'il soit une heure.*

33. Le citoyen Saint-Foy, garçon charron, rue de Seine. Prévenu de s'être vanté d'avoir tué dix-sept personnes à l'Abbaye et de n'avoir quitté que lorsqu'il était fatigué de tuer.

34. Le citoyen La Roche, commissaire au pain, section de l'Unité, en 1793. Prévenu, en présence de plusieurs personnes, d'avoir dit avoir fait guillotiner quatorze personnes en abusant de leur bonne foi, leur faisant accroire qu'il pensait comme elles.—Dans l'affaire de la reine, il a fait guillotiner la tante de la fille Renaud, soi-disant assassin de Robespierre. Sachant que cette femme avait été religieuse il se fit passer près d'elle comme un prêtre réfractaire, il lui dit la messe plusieurs fois et lui fit signer un mémoire, ayant surpris sa bonne foi, tendant au rétablissement de la religion et dont il se servit ensuite contre elle ; d'avoir intrigué avec le comité révolutionnaire

de la section pour faire sortir Bereyther (1) de prison.

35. JOUVARD, boulanger, demeurant rue du Four-Saint-Germain, section Mucius Scævola. Prévenu d'avoir quitté son ouvrage, dans la nuit du 2 au 3 septembre, pour se rendre aux prisons et y assommer les prisonniers, et d'avoir dit à ceux qui étaient là qu'il venait de quitter patriotiquement son ouvrage pour assister les assassins.

36. BOUVIER, compagnon chapelier, rue Marguerite, maison Damat. Prévenu de s'être vanté d'avoir été employé à tenir les registres pendant qu'on jugeait ceux qui étaient renfermés en prison dans les journées des 2 et 3 septembre.

37. PICARD, garçon serrurier, demeurant rue des Boulangers, section des Sans-Culottes. Prévenu d'avoir engagé deux particuliers, le jour où les assassins se portaient aux prisons de Bicêtre, à le suivre aux prisons en leur disant

---

(1) Le citoyen Bereyter. N° 23.

qu'ils ne devaient pas travailler et gagner de l'argent tandis que lui était occupé depuis le matin aux prisons; que malgré le refus que firent ces deux citoyens de suivre ledit Picard, d'être revenu une seconde fois accompagné de plusieurs autres, avoir forcé l'un d'eux à quitter sa besogne et à le suivre, ce qui eut lieu jusqu'à ce que ce dernier trouvât jour pour s'esquiver.

38. La femme SAUVAGE, traiteur, rue Marguerite, prévenue d'avoir dit que le 3 septembre son mari l'était venu chercher pour lui faire voir quatorze personnes qu'il avait tuées, afin qu'elle puisse rendre compte de ce qu'elle avait vu; que son mari dérangea même plusieurs cadavres pour lui faire remarquer plus particulièrement une de ses victimes. Prévenue, en sus, d'avoir dit dernièrement, lors de l'arrestation de son mari, à quelqu'un qui, ne la sachant présente, disait : *Enfin la justice est à l'ordre du jour : Ce n'est pas la justice, mais bien une faction; mais cela passera*, et que depuis cette époque elle ne fait qu'injurier cette citoyenne, qui n'ose pas se montrer crainte de pis. Et de même propos contre ceux

qu'elle connaît ne pas partager les idées de son mari.

39. Riché, marchand orfévre, rue de Bussy, prévenu d'avoir été vu faire la police le sabre à la main près la prison les jours des massacres en criant : Vive la nation! à chaque victime qui tombait. Il encourageait les assassins. Il faut remarquer qu'il n'était pas de garde.

40. Perrin, cordonnier, rue de Bussy, prévenu d'avoir été le 2 septembre sur la place Marguerite applaudir aux massacres et crier : Vive la nation! d'avoir souvent employé des étrangers pour forcer les délibérations de l'assemblée générale de la section.

41. Léon, demeurant rue Marguerite, prévenu d'avoir été vu frappant le dernier des détenus, qu'on disait être un échappé de Bicêtre, et d'être un des sept qui les assommaient.

42. Damien, vinaigrier, rue Marguerite, prévenu d'avoir été vu le 2 septembre assassinant plusieurs citoyens, notamment le citoyen de Lalent, ancien militaire, lui enfonçant son

sabre par le bas-ventre jusqu'à la garde, d'avoir enfoncé son bras jusqu'au coude dans les entrailles de cette malheureuse victime, de lui avoir arraché le cœur, de l'avoir mordu tellement que le sang lui ruisselait à chaque coin de la bouche et lui faisait des moustaches; d'avoir dit, dans le jardin de l'Abbaye, le 2 septembre : *Il faut commencer par les prisonniers de l'Abbaye, car ils nous ont montré les cornes;* d'avoir dit chez Lévêque, marchand de vin, rue Marguerite, en montrant ses mains : *Voici du sang d'aristocrate*, et qu'il voulait aller au Temple, et sur ce que la citoyenne Lebrun lui dit que c'étaient des horreurs, il la fit trembler par ses menaces; d'avoir tiré deux coups de fusil sur un prisonnier qui s'était caché dans une des cheminées de la prison; d'avoir dit à un jeune homme qui venait réclamer quelqu'un à la prison : *Tu n'as pas encore vu le cœur d'un aristocrate: je vais t'en faire voir un*, ce qu'il fit après l'avoir arraché du ventre d'un homme qu'il venait d'égorger, et de l'avoir fait baiser à ce jeune homme, qui fut couvert de sang; d'avoir dit dans une occasion où le pain était rare à Paris : *Il faut septembriser les prisonniers plutôt que de les nourrir.*

43. Boure, ancien sergent de la compagnie du centre du bataillon de l'Unité, demeurant cour et maison du tribunal de l'Abbaye, prévenu d'avoir dit, le 3 septembre, qu'il avait manqué d'avoir faibli sous les coquins, mais qu'il avait été plus fort qu'eux, et qu'il les avait tués lui-même; qu'il s'était trouvé assailli dans les commodités de la prison par trois prisonniers qu'on voulait livrer aux égorgeurs, mais qu'ayant crié pour avoir du secours, plusieurs massacreurs sont venus le délivrer; de s'être vanté dans un corps de garde, l'hiver qui suivit le massacre, d'avoir aidé à en tuer trente; que le trentième a failli le tuer lui-même, ajoutant que ce trentième était un juge de paix, et donnant le détail du combat qui s'était engagé entre eux deux, et que sans le secours d'un autre assassin, il aurait pu lui-même succomber; d'avoir dit le même jour, sur les dix heures du soir, chez Lévêque, marchand de vin, rue Marguerite, où il fut boire, qu'il venait de tuer le juge de paix de la section de Bonne-Nouvelle, qu'il avait trouvé caché dans les commodités de la prison.

44. Godin, boucher, cour du Cardinal, pré-

venu d'avoir été vu, le 2 septembre, à la porte du comité, assassiner, et ensuite d'avoir dit, dans la cour du tribunal, qu'il était déjà fatigué, parce qu'il en avait déjà beaucoup tué, et qu'il fallait que tous les patriotes se rallient et aillent à l'instant à la porte de la prison où on allait septembriser; d'avoir été vu, le 2 septembre, lors de l'arrivée des voitures qui conduisaient des prisonniers au comité civil de la section de l'Unité, avoir pris une hache à un charpentier qui travaillait dans la cour de l'Abbaye, et de s'être placé sur les marches du comité, et d'avoir concouru au massacre des prisonniers que l'on faisait sortir de force du comité.

45. LEMPEREUR, ci-devant tailleur, prévenu d'avoir dit, le 2 septembre, étant au café, rue Jacob, qu'il avait assassiné plusieurs personnes dans sa journée; d'avoir dit, dans le même café, tenu par le citoyen Lecomte, en présence de plusieurs personnes, et quelques jours après les massacres, qu'il avait tué, maison des Carmes, vingt-trois prisonniers tant prêtres qu'autres; qu'il avait besoin que ce jour arrivât pour se relever de la ruine où l'avait jeté la Révolution; d'avoir présenté aux personnes qui étaient

là du tabac dans une boîte d'écaille sur laquelle était une feuille d'or qu'il dit venir de là; d'avoir été, le 2 septembre soir, chez le citoyen Miller, limonadier, rue Jacob, ayant son sabre teint de sang et la garde démontée, et étant lui-même couvert de sang, et d'en avoir tué trente-trois pour sa part, tant à la cour de l'Abbaye qu'aux Carmes; qu'il montra une belle boîte d'écaille de forme ovale qu'il dit avoir prise aux prêtres pour se dédommager de la sienne qu'il avait perdue, et d'avoir dit que si c'était à recommencer, il le ferait encore, qu'il s'en f....., qu'il avait bien gagné sa vie.

46. Gonore, sous-lientenant à la 16ᵉ compagnie de la force armée de la section de l'Unité, prévenu d'avoir dit, en causant de subsistances, qu'il se f..... autant de la république que d'une m.....; que ceux qui étaient à la tête du gouvernement étaient des f..... g....., et sur l'observation qui lui fut faite qu'il se trompait sûrement, et que sûrement il ne parlait pas sérieusement, il répondit : *Vous ne me connaissez donc pas? Savez-vous que je suis f.... pour ouvrir le ventre à un homme et lui manger le cœur?* ce qu'il répéta plusieurs fois,

toujours en vociférant contre le gouvernement; de s'être vanté d'avoir assisté aux massacres faits à la prison de la Force les 2 et 3 septembre, et que c'était lui avec un autre individu qui avait amené la femme Lamballe sous le bras.

47. Maillet, tambour du bataillon de l'Abbaye, prévenu d'avoir été vu, le 2 septembre, dans la cour de l'Abbaye, plonger son sabre dans le corps d'un citoyen qui était dans la seconde voiture.

48. Bouché, employé dans les charrois, demeurant rue Thionville, n° 1749, prévenu d'avoir été vu, les 2 et 3 septembre, rentrant dans son domicile armé d'un gros assommoir teint de sang et encore garni de cheveux, faisant le rapport de ses opérations aux massacres de l'Abbaye, s'en vantant, et disant particulièrement qu'il y avait bien travaillé.

49. Cumont, layetier, rue Guénégaud, prévenu de s'être vanté, le 3 septembre, en rentrant dans sa rue, d'avoir tué à l'Abbaye ; d'avoir dit un jour, étant de garde, et comme on le pressait de se laver de l'inculpation qui lui

était faite, d'être septembriseur, qu'il avait bu avec les égorgeurs, il dit : *J'ai cru bien faire, je n'étais pas le seul; d'ailleurs, c'était à mon corps défendant. Montmorin m'avait mordu le doigt.*

50. Rativeau, fruitier, rue Mazarine, garde-magasin des fourrages à Saint-Quentin, prévenu d'avoir été vu, le 3 septembre, sur la fin du jour, couvert de sang, tenant un sabre ébréché également rempli de sang, et avoir dit : *J'ai bien travaillé;* d'avoir dit à sa femme, qui lui reprochait sa conduite, attendu qu'il causait de ses travaux des 2 et 3 septembre : *Ça ne te regarde pas.* Prévenu d'avoir présidé, le 2 septembre, à l'examen des causes d'arrestation des prisonniers renfermés dans la prison de l'Abbaye, dite de Supplément, où dix à onze furent mis de côté, d'après quoi Rativeau mit aux voix s'ils seraient mis dehors, et que le résultat fut qu'ils seraient égorgés.

51. Sauvage, rôtisseur, rue Marguerite, en face de la prison, prévenu de s'être vanté qu'il était, le 2 septembre, à l'Abbaye; qu'ayant voulu sauver un homme, on le lui arracha des

mains, que cet homme fut égorgé, ce qui l'obligea, lui, Sauvage, de faire comme les autres, ce dont il avait été très-fatigué; d'avoir, étant de garde au Temple, le 12 germinal de l'an III, témoigné beaucoup de joie de l'événement qui avait lieu, et que sur ce qui lui fut dit par ses camarades du poste que les terroristes n'auraient pas le dessus, d'avoir répondu : *Vous verrez; vous vous plaignez du régime de Robespierre, mais vous en aurez un pire;* ce qui fut cause qu'on le fit monter à la tour; ce qui lui causa beaucoup d'humeur; d'avoir rentré chez lui, le 3 septembre, environ midi, pour prendre sa femme pour lui faire voir quatorze ou quinze personnes qu'il se vantait d'avoir tuées, ayant alors le sabre nu à la main tout rempli de sang, et, de retour, d'avoir dit qu'entre autres prisonniers, il avait tué un homme de la police, dont il avait démêlé le cadavre dans plusieurs autres pour le faire voir à sa femme. Véhémentement suspect de s'être approprié des effets précieux, étant commissaire aux ventes.

52. Louis MERCIER, fruitier, et remplaçant dans la garde nationale, demeurant rue de

Seine, près de la maison ci-devant de la Rochefoucault, prévenu d'avoir été vu, le 2 septembre, au nombre des égorgeurs.

53. Dalongeville, demeurant enclos de l'Abbaye, cour des Moines, prévenu, étant de garde, le 3 septembre, à la prison dite de Supplément, d'avoir dit, sur les huit heures du matin, à un citoyen, membre du comité civil de la section de l'Unité, qu'un prisonnier lui avait offert cinquante louis pour le sauver, et que sur ce que ce citoyen lui demanda s'il avait accepté, Dalongeville répondit que non, et demanda au citoyen commissaire ce qu'il fallait qu'il fasse à ce sujet, à quoi il lui fut répondu que cela ne regardait pas le comité, le commissaire ajoutant qu'il ignorait quels étaient les coupables ; d'avoir été parmi ceux qui prononçaient sur le sort des prisonniers détenus à l'Abbaye aux 2 et 3 septembre, entrant et sortant souvent dans la prison, et accompagnant ceux qui amenaient des prisonniers, et conduisant ceux condamnés sur les piques.

54. Paillet, capitaine de la 11ᵉ compagnie de la section, garçon chapelier, rue des Marais,

Prévenu d'être un terroriste prononcé ; d'avoir dit, en présence de plusieurs citoyens qui l'ont certifié, qu'il gagnait plus à dénoncer et à faire guillotiner les citoyens qu'à travailler ; qu'on lui donnait près de cinquante livres par chaque individu, et que trois lui rendaient cent cinquante livres ; d'avoir intrigué pour se faire nommer capitaine, et sur ce que quelqu'un lui témoignait sa surprise de ce que lui, Paillet, avait été élevé à ce grade, et lui avoir expliqué les dispositions du décret, d'avoir dit : *Votre Convention n'est pas où elle doit être ; les jacobins ne sont pas morts ; ils se montreront plus tôt qu'on ne pense.*

55. ALBERT, membre du comité révolutionnaire de la section. Prévenu d'avoir maltraité de paroles, même menacé un père et une mère, parce qu'ils allèrent au comité révolutionnaire de la section réclamer la liberté de leur fils mis injustement en arrestation ; d'avoir intrigué avec d'autres pour faire sortir Lacroix de prison, d'avoir excité le peuple au pillage fait chez les marchands ; d'avoir, en la séance du 26 juin 1793, provoqué un arrêté de la section, par lequel il est dit que si Raffé est nommé com-

mandant général, on ne lui obéira pas ; d'avoir, conjointement avec le citoyen Copie, son collègue, été à Bordeaux chez le citoyen Joseph Peuty, marchand bijoutier, rue Catherine, 45, où ils forcèrent l'épouse dudit Peuty d'aller avec eux au comité sans lui donner le temps de s'habiller ; d'avoir fait apposer les scellés chez ledit Peuty, et de s'être opposé à ce que l'on laissât à la disposition de la femme Peuty aucune portion des marchandises de son commerce dont elle avait besoin pour la faire subsister ainsi que ses enfants ; d'avoir profité de la connaissance qu'il prit d'une lettre venant de Perpignan, et par laquelle le citoyen Geme annonçait avoir mis à la poste, à l'adresse du citoyen Peuty, une somme de 4,000 fr., pour, conjointement avec Copie, retirer cette somme dont ils ont donné décharge, et de s'être depuis refusé à la restituer, sous le prétexte qu'elle avait servi aux frais du voyage d'eux deux, Albert et Copie.

56. ARNICHARD. Prévenu d'être un partisan des terroristes dont il a approuvé la conduite ; d'avoir dit, le 1er prairial de l'an III, étant sous les armes avec sa compagnie, qu'il n'était armé que pour demander du pain ; que la Conven-

tion savait où étaient passés nos grains; d'être convenu qu'il avait toujours été le partisan zélé du citoyen Delalande (1) et du comité révolutionnaire, dont il avait approuvé les mesures; de s'être vanté d'avoir égorgé à lui seul vingt personnes dans la journée du 2 septembre.

57. BARBEAU, mercier, cour du Tribunal, 1092. Prévenu d'être un anarchiste; d'avoir opprimé ses voisins, et notamment le citoyen Beucher, dont il fit supprimer l'étalage par l'entremise du citoyen Delalande, lors commissaire de police; d'avoir provoqué le désarmement et l'arrestation des citoyens Roux et Jacquart, à cause que ces citoyens taxaient de tyrannique la conduite tenue envers le citoyen Beucher; d'avoir été le partisan outré du citoyen Delalande.

58. BERNIER, aubergiste, rue du Four, 156. Prévenu d'avoir été vu, le 3 septembre, dans le guichet de la prison de l'Abbaye, faisant les fonctions de juge pour absoudre les prisonniers ou les envoyer à la mort.

---

(1) Legagneur-Delalande. N° 60.

59. Ballé. Prévenu d'avoir fait mettre, sans ordre exprès, au secret, le citoyen Robert, qu'il conduisit en prison avec d'autres citoyens, de l'ordre du comité révolutionnaire de la section; d'avoir exigé cette mesure d'un ton d'autorité et malgré les représentations du concierge, sous prétexte qu'il allait en apporter l'ordre du comité de sûreté générale; d'avoir, conjointement avec Dorlet et Copie, fait fouiller d'une manière indécente, et même déshabiller toute nue, une citoyenne que les susnommés avaient arrêtée d'ordre du comité révolutionnaire de la section; d'avoir, avec les susnommés, joui de l'embarras de cette citoyenne en regardant par une porte vitrée cette scène scandaleuse; d'avoir souffert que l'un de ses collègues arrachât, ou de s'être porté lui-même à arracher, à la même citoyenne, une chaîne d'or qu'elle avait au col, ainsi que les boucles d'oreilles, de manière que cette citoyenne a beaucoup souffert de cette violence, et que l'une de ses oreilles en a été et est restée fendue; d'avoir accompagné ce traitement des injures les plus atroces, et sur ce que cette citoyenne redemandait sa chaîne et ses boucles d'oreilles, de lui avoir répondu qu'elle les avait assez vues, qu'elle ne les reverrait plus; d'avoir laissé cette citoyenne pendant plus de trente jours sans linge pour se changer, quoiqu'elle fût malade; d'être soupçonné d'avoir soustrait des effets appartenant à ladite citoyenne, tels que une chaîne de montre à deux branches en or, une paire de boucles d'oreilles, une boîte d'écaille garnie en or, 400 fr. en assignats, un habit de garde national, le sabre et la veste; d'avoir été, conjointement avec Métrasse, son collègue, en vertu d'un ordre du comité révolutionnaire, arrêter un citoyen dont les motifs étaient, comme prévenu d'incivisme et de modérantisme, et de l'avoir fait écrouer tout autrement, de manière que sur l'écrou seul on pouvait le conduire à l'échafaud.

60. Legagneur-Delalande, ancien commissaire de police de la section de l'Unité, depuis directeur de la raffinerie de salpêtre. Prévenu de s'être emparé de plusieurs estampes qui appartenaient à un marchand qui étalait le long de la Monnaie, sous prétexte que ces estampes étaient marquées de quelque signe de féodalité; d'avoir dirigé la spoliation des ornements de la nouvelle paroisse de Saint-Germain des Prés; d'avoir refusé, sous prétexte du besoin

qu'il avait de se recueillir, entendre des citoyens qui venaient pour lui parler en faveur d'un détenu, quoiqu'il eût paru à ce dernier disposé à lui rendre justice; d'avoir fait constituer prisonnier le citoyen Blanc, quoiqu'il n'eût trouvé chez lui rien de suspect, sous prétexte d'exécuter un ordre du comité du gouvernement, qui ne pouvait concerner qu'un nommé Leblanc, accusé de la fabrication de faux assignats; d'avoir interrogé d'office un citoyen qui venait de l'être par le comité révolutionnaire; d'avoir dépouillé ce citoyen du peu d'objets que le comité révolutionnaire avait cru pouvoir lui laisser; d'avoir, lors de l'arrestation de ce citoyen, fixé l'irrésolution du comité révolutionnaire qui ne savait à quoi se déterminer, et d'avoir fait pencher pour l'incarcération, sous prétexte seulement que ce citoyen était un personnage important; de s'être introduit avec d'autres personnes dans une pièce de la maison de la Monnaie, en levant les scellés qui en défendaient l'entrée, sans appeler à cette opération les personnes en présence desquelles elle devait être faite, et sur ce que le factionnaire, qui était lors commis à la garde de ces scellés, se plaignit de ce que Lalande avait violé la consigne, de s'être fait un droit de sa qualité de commissaire de police ; d'avoir répondu avec arrogance à ce factionnaire, et d'avoir même voulu sauter sur ses armes ; d'avoir sollicité en faveur de Lacroix, qu'il qualifiait de bon citoyen ; d'avoir gardé entre ses mains une somme de 500 fr. qu'il avait reçue pour les frais de la guerre, tellement qu'on ignore s'il les a versés dans la caisse de la section ; de s'être permis d'insulter au malheur des prisonniers en rebutant les uns, et en répondant aux autres, lorsqu'ils l'interrogeaient sur l'époque de leur sortie : *Tu n'es pas encore mûr ;* d'avoir menacé la mère de deux détenus de la faire incarcérer aussi, à cause qu'elle portait à manger à ses enfants ; d'avoir habituellement inspiré la terreur aux prisonniers, lorsqu'il visitait les prisons, tellement que l'un d'eux s'est donné trois coups de couteau dont il est mort ; d'avoir constamment dirigé les opérations du comité révolutionnaire, qui ne faisait rien sans lui. Véhémentement soupçonné de s'être approprié deux portefeuilles et des bijoux par lui emportés le 9 mai 1793, lorsqu'il dressa procès-verbal de la mort violente de deux personnes tuées ce jour ; d'avoir été l'un de ceux que la section députa le 30 mai 1793 aux Jacobins, pour y délibérer, est-il dit, sur les mesures de salut public qu'il convenait de prendre à l'effet de détruire (1)   tendant à perdre la ville de Paris; d'avoir provoqué un arrêté de l'assemblée générale de la section qui ordonne l'arrestation d'un citoyen, sous prétexte que ce citoyen avait fait une dénonciation vague contre lui, Lalande; d'avoir négocié la sortie d'un prisonnier, auquel il demanda à cet effet 500 louis d'or, payables dans les vingt-quatre heures, marché dont on soupçonna d'autant plus l'exécution que ce prisonnier est sorti cinq jours après, et que lors de sa mise en liberté, étant conduit au comité révolutionnaire, il remit à Lalande un paquet cacheté, que ce dernier rompit les cachets en disant qu'il était inutile d'examiner ces papiers, qu'ils ne contenaient rien de suspect; d'avoir fait appeler au guichet de la prison un autre détenu, et de lui avoir proposé d'acheter sa sortie moyennant pareille somme de 500 louis, ajoutant que c'était ainsi qu'avaient fait plusieurs autres qu'il nomma, et recommandant le secret à ce détenu; de lui avoir dit, pour l'y engager, qu'il était intime-

---

(1) Ligne raturée sur l'original.

ment lié avec Robespierre, et qu'il était le maître de faire guillotiner ce détenu sous deux jours ; d'avoir choisi le moment, pour interroger ce prisonnier, où ce dernier venait d'être transféré à la maison dite de Charité, pour y être soigné à raison de l'état de délire furieux où l'avaient réduit ses chagrins ; d'avoir occasionné la mort de l'épouse d'un prisonnier en l'accablant de menaces, lorsqu'elle sollicitait auprès de lui la justice qu'elle croyait due à son mari ; d'avoir fait sentir à un citoyen qu'il arrêtait que c'était pour se venger d'une contestation qu'ils avaient eue ensemble en 1788, et de s'être emparé, lors de cette arrestation, de deux fusils dont un à baïonnette, garni de deux viroles et de deux yeux en or, d'une paire de pistolets, et d'un cachet d'argent ; d'avoir affecté de donner ce particulier en spectacle au public au milieu de la force armée, et véhémentement soupçonné de s'être entendu avec ceux qui ont fait que tout a été volé chez ce citoyen, et qui se sont approprié ses vins, et d'avoir soustrait plusieurs pièces précieuses pour favoriser ce brigandage ; de s'être permis des incarcérations arbitraires, qui n'avaient d'autres motifs que l'improbation que l'on faisait de sa conduite ; d'avoir été notoirement le conseil et le meneur de l'ancien comité révolutionnaire, dont il dirigeait les opérations, ce qui a tellement indigné les honnêtes citoyens contre lui que, dans la séance du 30 pluviôse de l'an III, la section a déclaré qu'il avait perdu sa confiance; d'avoir insulté toute la section, en imprimant et distribuant un mémoire dans lequel, prétendant atténuer les motifs qui ont motivé l'arrêté du 30 pluviôse, il qualifie de méchants les citoyens qui ont concouru à cet arrêté, dont on doit inférer que Lalande ne regarde comme honnêtes que ceux qui, sous le règne de la fureur, dominaient la section; enfin, d'avoir, dans son mémoire, semblé prédire le retour prochain de ces jours désastreux, dont le souvenir seul fait frémir toute âme honnête; de s'être encore occupé de la direction des opérations du comité révolutionnaire, lors même qu'il n'était plus commissaire de police.

61. BELLEBAUT, couvreur, ancien membre du comité révolutionnaire. Prévenu d'avoir participé aux vexations exercées par le comité révolutionnaire.

62. BIDOIS, commis marchand, puis com-

missaire de l'armée révolutionnaire. Prévenu d'avoir abusé de cette qualité, à Lyon, pour y jeter les fondements d'une fortune qui a étonné tous ceux qui le connaissent.

63. Louis BROSSIER, cordonnier, rue de Seine, 1494. Prévenu d'être un des assassins des 2 et 3 septembre, d'avoir été vu à cette époque tenant un sabre à la main, cassé et ensanglanté ; d'avoir dit que c'était en frappant; d'avoir été vu rentrant chez lui, vers les cinq heures et demie du matin, à l'époque ci-dessus, tenant à la main une pique ensanglantée, disant qu'il en avait tué sa bonne part, qu'il y avait cassé son sabre, qu'il était revenu chercher sa pique, que les prisonniers voulurent se sauver par le petit mur, qu'il était au bout de ce mur et qu'il les enfilait à mesure qu'ils passaient.

64. Claude BAUDET ou BAUDETTE, garçon serrurier, rue Marguerite, maison de Damien, n° 427. Prévenu d'être l'un des assassins des 2 et 3 septembre où il a déclaré avoir été blessé à la main, ayant même sollicité un certificat de cette blessure tant auprès du sergent-major de

la compagnie qu'auprès du conseil militaire de la force armée de la section, pour obtenir, disait-il, la récompense.

65. Tourtarel, ci-devant canonnier, serrurier, demeurant rue de l'Egout, n° 5. Prévenu d'avoir assisté et participé aux massacres des 2 et et 3 septembre ; de s'être vanté d'avoir fait la révolution et d'être capable de faire la contre-révolution.

66. Champion. Prévenu d'avoir été l'un des agents d'Hébert, partisan de Vincent et autres de cette espèce, et d'avoir provoqué et applaudi aux pillages faits chez les marchands.

Pour extrait conforme à la minute des déclarations restées entre les mains de la commission des Cinq.

Signé : LAMBINET aîné,
Secrétaire-Archiviste, Commissaire.